Dresdner Beiträge zur Hethitologie

Herausgegeben von
Johann Tischler

Band 43

2014
Harrassowitz Verlag · Wiesbaden

İlknur Taş

Hethitische Texte in Transkription Bo 8264–Bo 8485

2014
Harrassowitz Verlag · Wiesbaden

Die Abbildung auf der Umschlagrückseite bietet eine Nachzeichnung des hieroglyphenluwischen Siegels ZN 1769 der Skulpturensammlung, Staatliche Kunstsammlungen Dresden.

Bibliografische Information der Deutschen Nationalbibliothek
Die Deutsche Nationalbibliothek verzeichnet diese Publikation in der Deutschen Nationalbibliografie; detaillierte bibliografische Daten sind im Internet über http://dnb.dnb.de abrufbar.

Bibliographic information published by the Deutsche Nationalbibliothek
The Deutsche Nationalbibliothek lists this publication in the Deutsche Nationalbibliografie; detailed bibliographic data are available in the internet at http://dnb.dnb.de

Informationen zum Verlagsprogramm finden Sie unter
http://www.harrassowitz.de/verlag

Gedruckt auf alterungsbeständigem Papier.
Satz und Layout: İlknur Taş
Druck und Verarbeitung: ⊕ Hubert & Co., Göttingen
Printed in Germany

ISSN 1619-0874
ISBN 978-3-447-10121-9

BU KİTAP SEVGİLİ ANNEM FATMA TAŞ

VE BABAM HAMDİ TAŞ'A ARMAĞAN EDİLMİŞTİR.

ICH WIDME DIESES BUCH MEINEN LIEBEN ELTERN,

MEINER MUTTER FATMA TAŞ UND MEINEM VATER HAMDİ TAŞ

INHALT

ÖNSÖZ

Boğazköy'de ilk kazılar Osmanlı-Alman ortak kazıları şeklinde 1905 yılında başlamıştır. Boğazköy arşivinde ele geçen tabletler, Alman Hükümeti ve bilim adamları ile yapılan anlaşma gereği konservasyon ve yayın çalışmaları yapılmak üzere iade edilmek koşuluyla Berlin'e gönderilmiştir. II. Dünya Savaşı'nın başlamasıyla kazılara ara verilmiş ve II. Dünya Savaşı'nın sonunda Almanya'nın Doğu ve Batı olarak ikiye ayrılmasının sonucunda tabletler Doğu Berlin'deki Kraliyet Müzesi'nde koruma altına alınmıştır. Türk Kültür Bakanlığının girişimleri sonucunda 1987 yılında 7500 civarında tabletin ülkemize iadesi sağlanmıştır. İşte bu kitabın konusu olan tabletler, söz konusu Doğu Berlin'den getirilerek Ankara Anadolu Medeniyetleri Müzesi'nde koruma altına alınan Hitit tabletleridir. Söz konusu tabletlerin tümünün çıkış yeri belirsizdir (Alle Tafeln unbekannter Herkunft).

Söz konusu tabletlerden 200 âdetinin yayımlama hakkı Anadolu Medeniyetleri Müzesi Müdürlüğünün 29.03.2010 tarih ve 542 sayılı yazısı ile yeni komisyon üyesi olarak tarafıma verilmiştir. 200 adet yayınlanmamış tabletin transkripsiyonları, daha sonra kopyaları 3,5 sene süren yoğun çalışmanın sonucunda tarafımdan tamamlanmıştır.

1987 yılında Doğu Berlin'den getirilerek Ankara Anadolu Medeniyetleri Müzesi'nde koruma altına alınan ve yayınlanmak üzere bekleyen tabletler üzerinde yapılan ikinci çalışma özelliğini taşıması nedeniyle bu kitap ayrıca önem taşımaktadır.

Kopyalardan oluşan kitap, Yayınlanmamış Boğazköy Tabletleri Kopyaları (Bo 8264- Bo 8485 "Unpublizierte Bo Fragmente in Umschrift (Bo 8264 bis Bo 8485)" başlığı altında daha sonra yayınlanacaktır. Kopyalardan oluşan kitabın katalog kısmı tarafımdan hazırlanmıştır. Transkripsiyonlardan oluşan kitabın Dresdner Beiträge zur Hethitologie 43. sayısında yayınlanmasına karar verilmiştir. Bu esnada tarafımdan tespit edilen join, duplikat ya da paralel metinler yardımı ile bazı tablet parçalarının kırık kısımları tamamlanabilmiştir. Ayrıca Sayın Dr. Jürgen Lorenz, Dr. Francesco Fuscagni ve D. Groddek tarafından bulunan join, duplikat ya da paralel metinler yardımı ile transkripsiyonların bir kısmı da tamamlanabilmiştir. Tarafımdan bulunan joinler ile de transkripsiyonların bir kısmını tamamlamak mümkün olmuştur. Tablet parçalarının küçük olmaları dolayısıyla transkripsiyonlarda emin olamadığım işaretleri tespit etmemde Sayın Dr. Jürgen Lorenz, Dr. Francesco Fuscagni ve D. Groddek'in büyük katkısı olmuştur, kendilerine teşekkürlerimi sunuyorum. Böylece bu ciltte toplam 171 tablet parçasının transkripsiyonu sunulmaktadır.

Bu kitabın gerek yayınlanmasında, gerekse Almanca ve Türkçe olarak hazırlanmasındaki katkılarından dolayı Sayın Prof. Dr. J. Tischler'e teşekkürlerimi sunuyorum.

Yayınlanmamış Boğazköy Tabletleri Kopyaları (Bo 8264- Bo 8485) hazırlanması sırasında 1 ay süreyle Almanya'da Mainz Kentindeki Akademi Der Wissenschaftin der Literaturda çalışma yapmam için üniversitemiz bilimsel araştırma fonundan maddi destek almamı sağlayan ve yoğun çalışmalarım esnasında her zaman dostluğuyla beni yüreklendiren ve yol gösteren değerli hocam Hitit Üniversitesi Rektörü Sayın Prof. Dr. Reha Metin Alkan'a desteğinden dolayı sonsuz teşekkürlerimi sunarım.

Ayrıca Almanya'da Mainz Kentindeki Akademie der Wissenschaftin der Literatur'un kütüphanesinde 1 ay süreyle çalışma yapma imkanını veren örnek aldığım bilim adamı Sayın Prof. Dr. Gernot Wilhelm'e teşekkür ederim. Ayrıca Akademie der Wissenschaftin der Literatur'un kütüphanesinde yaptığım indeks çalışmaları esnasında bana sabırla yol gösteren Prof. Dr. Gerfrid Müller'e, Silvin Koşak, Dr. Francesco Fuscagni ve Dr. Gabriella Stivala'ya yardımlarından dolayı teşekkürlerimi sunuyorum.

Söz konusu tabletlerin yeni komisyon üyesi olarak tarafıma verilmesini öneren hocam Yrd. Doç. Dr. Sedat Erkut'a, Ankara Anadolu Medeniyetleri Müzesi Müze Müdürü Dr. Melih Arslan'a ve çalışmalarım esnasında desteğini hiç bir zaman esirgemeyen Prof. Dr. Turgut Yiğit'e ayrıca teşekkür ederim.

Müze çalışmalarım sırasında her zaman dostça yardımlarımı esirgemeyen Doç. Dr. Rukiye Akdoğan, Şerife Yılmaz, Mine Çiftçi ve İsmet Aykut'a ve çivi yazılı belgelerin transkripsiyonlarının yazımı esnasında bilgisayarda karşılaştığım her sorunda hep yanımda olan Murat Önür'e teşekkür ederim. Son olarak bu kitabın yazım aşamasında manevi desteğin esirgemeyen en iyi dostlarım annem Fatma Taş'a, kız kardeşim Nilgün Taş'a kardeşim Yrd. Doç. Dr. Oğuzhan Taş ve eşi Yrd. Doç. Dr. Tuğba Taş ve Enes Turgut'a sonsuz minnettarlığımı sunarım.

VORWORT

Im Jahre 1917 wurde ein Großteil der seit 1905 in Boğazköy ergrabenen Keilschrifttafeln vom Kaiserlich Osmanischen Museum in Konstantinopel leihweise dem Vorderasiatischen Museum in Berlin zur Verfügung gestellt, mit der Maßgabe, die Tafeln zu bearbeiten und zu veröffentlichen. Es sollte durch diese zeitweise Verlagerung die Zusammenfügung der zahllosen kleinen Bruchstücke zu größeren Texten und die Gewinnung eines Überblicks ermöglicht werden. Die Verantwortung für diese Aufgabe lag zuletzt in den Händen des Zentralinstituts für Alte Geschichte und Archäologie an der Akademie der Wissenschaften der DDR und als 1987 die ca. 7500 noch in Berlin befindlichen Tafeln an die Türkei zurückgegeben wurden, waren 57 Autographiebände in der Reihe „Keilschrifturkunden aus Boghazköi" erschienen, 3 weitere in Vorbereitung befindliche Bände sind bis 1990 erschienen. Seitdem liegt die editorische Verantwortung für die zahlreichen, meist kleineren Fragmente, deren genauer Fundort seinerzeit leider nicht festgehalten worden war, beim Museum für anatolische Zivilisationen in Ankara.

Im Jahre 2010 wurde ich als Mitglied in die Kommission gewählt, die sich mit diesen Keilschrifttafeln befaßt, und gleichzeitig wurde mir die Edition von 200 Tafeln anvertraut, mit deren Bearbeitung ich mich während der letzten 3 ½ Jahre beschäftigt habe. Es handelt sich um Fragmente mit den Museumsnummern Bo 8264 bis Bo 8485, die ich nunmehr in Autographie und Transkription vorlegen kann und von denen ich zahlreiche als zusammengehörig erkennen konnte. Durch Hinweise auf joins, Duplikate und Paralleltexte, die ich den Herren Dr. Jürgen Lorenz, Dr. Francesco Fuscagni und Detlev Groddek verdanke, konnte ich die Anzahl der eigenständigen Fragmente weiter verringern, so daß ich hier insgesamt 171 Tafelfragmente präsentieren kann. – Für die Publikationsmöglichkeit im Rahmen der Dresdner Beiträge zur Hethitologie und für Beratung bei der Texterstellung danke ich Herrn Prof. Dr. Johann Tischler.

Des weiteren danke ich meinem hochgeschätzten Lehrer, Prof. Dr. Reha Metin Alkan, dem Rektor der Hitit-Universität in Çorum, der mir die finanzielle Unterstützung durch den Forschungsfonds unserer Universität für meinen einmonatigen Forschungsaufenthalt an der Akademie der Wissenschaften und Literatur in Mainz vermittelte und der mich stets freundschaftlich unterstützte. An der Akademie in Mainz hat mir Prof. Gernot Wilhelm dankenswerterweise das Arbeiten mit den dortigen Sammlungen erlaubt und ich danke Prof. Dr. Gerfrid

Müller, Dr. Silvin Košak, Dr. Gabriella Stivala und Dr. Francesco Fuscagni, die mich geduldig in die Benutzung der dortigen Bibliothek einführten.

Ich danke auch Prof. Dr. Sedat Erkut, meinem Lehrer an der Universität Ankara, der mich als neues Mitglied der Kommission am Museum für anatolische Zivilisationen und als Bearbeiterin dieser Keilschrifttafeln empfohlen hatte, sowie Prof. Dr. Turgut Yiğit, der mir nie seine Unterstützung an der Universität versagte. Desgleichen danke ich Herrn Melih Arslan, dem Direktor des Museums in Ankara, der mir das Arbeiten im Museum ermöglichte sowie Rukiye Akdoğan, Şerife Yılmaz, Mine Çiftçi ve İsmet Aykut, die mich bei der Arbeit im Museum unterstützte. Schließlich danke ich Murat Önür, der mir bei den technischen Problemen der Texterstellung sowie bei den Transkriptionsproblemen half.

Und schließlich bin ich meiner Familie ewig dankbar - meiner Mutter Fatma Taş, meiner Schwester Nilgün Taş, meinem Bruder Oğuzhan Taş und seiner Frau Tuğba Taş und schlußendlich meinem Neffen Enes Turgut.

İLKNUR TAŞ 20.10.2013

TRANSKRIPTIONEN

(1) Bo 8264
CTH 470

x+1 -] x x[-
2' -]pa-e-ni [-
3' SÍ]G SA$_5$
4' É]RIN$^{?}$ SÍSKU[R

(2) Bo 8265
CTH 832

x+1 -]x ša[-
2' -š]i-an-x [oder: x-u̯]a-an-x[-

3']u-iz[oder:] x-u[l

(3) Bo 8266
CTH 832

1 -]kán-z[i-
2 -]x[-

(4) Bo 8272

CTH 683. KUB 55.43 + Vs. II 20ff. ile joindir./Joint mit KUB 55.43 + Vs. II 20ff.

Vs. II

(x+1) [-]x x [-

---

22 (= 2') [EGIR-a]n-da-ma$^{?}$ ^{D}LA[MMA ^{UR}]^{U}Ḫa-te-en-zu-u̯a GUB-aš a-ku[-u̯a-an-zi]

23 (= 3') [$^{\text{LÚ.ME}}$]^{Š}SÌR ⸢SÌR$^{\textit{RU}}$⸣ [$^{\text{LÚ.M}}$]^{EŠ}UR.GI$_{7}$ u̯a-ap-pí-an-zi [ ]

24 (= 4') [1 ^{NINDA}t]a-a$^{?}$-kar-mu-un pár[-ši-i̯]a na-an-ša-an EGIR-pa [*A-NA* DINGIR$^{\textit{LIM}}$]

25 (= 5') [iš-k]a-ra-an-ta-a[š še-e]r da-a- ⸢i⸣ EGIR-an-da-ma [^{D}Ḫa-aš-ga-la-an]

26 (= 6') [GUB-aš a-ku-u̯a-a]n-zi $^{\text{LÚ.MEŠ}}$[S]ÌR SÌR$^{\textit{RU}}$ $^{\text{LÚ.MEŠ}}$UR.GI$_{7}$ u̯[a-ap-pí-an-zi]

27 (= 7') [1 ^{NINDA}ta-k]ar-mu-un pár- ⸢ši⸣ -i̯a na-an-kán EGIR-pa [*A-NA* DINGIR$^{\textit{LIM}}$]

28 (= 8') [iš-ka-r]a-an-ta-a[š] še-er ti-an-zi EGIR-an-da[-ma DINGIR^{MEŠ} URU$^{\textit{LIM}}$ (?)]

29 (= 9') [GUB-aš e-ku-z]i 1 ^{NINDA} ta-kar-mu-un pár-ši-i̯a n]a-an-ša-an]

30 (= 10') [EGIR-pa *A-NA* DINGIR$^{\textit{LIM}}$ iš-] ⸢ka⸣ -ra-an-ta-aš še-er ⸢ti⸣ -a[n-zi]

(5) Bo 8273

CTH 470 ya da CTH 832/ CTH 470 oder CTH 832

Vs. I$^{?}$

x+1 ar-ḫ]a$^{?}$ ku-er-zi

2' -]i

3' -]ti$^{?}$

4' -]x-ti

5' -]x-i$^{!?}$

6' -a]r

7' -]i

8' -]x

Vs. II?

x+1 x[-

2’ x[-

3’ x[-

4’ nu-k[án

5’ x[-

6’ x[-

(6) Bo 8274

Bel-Madgalti-Metni. Duplikatı KUB 31.91+ Vs. II 23ff. ,Bkz. J. Lorenz - I. Taş, NABU 2013 N°4, 137-138 / *Bel-Madgalti*-Text. Duplikat zu KUB 31.91+ Vs. II 23ff., vgl. J. Lorenz - I. Taş, NABU 2013 N°4, 137-138.

Vs. I

x+1 x x[-

2’]EGIR-an

3’ -] kán na-at-za $^{LÚ.MEŠ}$SANGA

4’ -]x na-at EGIR-pa

5’ -]x -eš-ta

6’ n]a-aḫ-ša-ra-az

7’ -]az me-ek-ki

8’]pí-i̯a-at-[t]a

9’ -m]a

10’ -]x-e-da-ni ši-ú-ni

11’ ^{L}]^{Ú}GUDU$_{12}$

Rs. IV

x+1 -]x-id-du

2’ š]e-e-kàn

3’] e-eš-du

(7) Bo 8275

CTH 832

x+1 -] x x [-

2’ -] x x-iš [-
3’]x-zi nu-u̯a x [
4’] tar-na-za-u̯a-me-x[-

5’] ^{É}ar-ga-u[-
6’ -d]a$^{?}$ ti-i-i̯a[-
7’ a]r-ḫa pár-š[i-
8’ *A-N*]*A*$^{?}$ ^{m}Mu[r-
9’]x NI[R$^{?}$

(8) Bo 8276

Bo 4413+Bo 69/315 Obv.$^{?}$ (I). Krş. J.L.Miller, ZA 98, 2008, 233-235 (Nr.48)
/ Bo 4413+Bo 69/315 Obv.$^{?}$ (I). Vgl. J.L.Miller, ZA 98, 2008, 233-235 (Nr.48)

x+1]x na-a[t-

2’]EN.SÍSKUR iš-x[-
3’ n]a-aš-ta UR.TUR TÚG[
4’]iš-ḫi-i̯a-az [

5’ -]x^{MEŠ}-*ŠU* ^{GIŠ}ú-e-ra[-
6’ p]a-ra-a e-e[p-x-

---

(9) Bo 8277

CTH 453 oder CTH 215. krş. KBo XIV 103/
CTH 453 oder CTH 215. Vgl. KBo XIV 103

Vs.$^{?}$

x+1 -] x x x x-aš-kán x x [-
2’ -]ši pé-ra-an EGIR-pa x[-
3’ -]x-ši $^{\text{LÚ.MEŠ}}$SAG-pát kat-ta[
4’]x ú-e-ri-i̯a-an-te-eš[
5’ -]x x-zi na-at *A-N*[*A*
6’ -]x[-

Rs.?

---

x+1 [-]x x x x [-
2’ [-] x x x x[-
3’ [-]x[-
4’ -] x
5’ -] x [-
6’]-

(10) Bo 8278
CTH 582

x+1] ⸢É.DINGIR⸣ [
2’ -]-ez-zi i-⸢it⸣ [-
3’] ⸢D⸣ X-aš ku-it-u̯a-ra-[-

4’] an-da-an i-i̯a
5’ -]x iš-ti-iš ḫu-u̯a { Rasur } [
6’ -] pí-nu-⸢uš?⸣ NU.GÁL
7’] NU.GÁL [

8’ -]x-⸢an? ḫar?-bí⸣ NU.GÁL
9’ -]x-⸢ri?⸣-x[-

(11) Bo 8279
CTH 670

Vs. I?
x+1 -]x
2’]
3’ -]x-ka-ni-x x
4’ -]
5’ -x-x-ki
6’] kar?-ta?-an-te-eš

Vs. II?
x+1 x[-

2’ i$^{?}$-i̯a$^{?}$-x[-
3’ ar-nu-x[
4’ ḫa-a-ni x[
5’ ú-e- m[i$^{?}$-x
6’ na-an[-
7’ $^{LÚ.MEŠ}$[
8’ na[-

(12) Bo 8280
CTH 324

Vs. I$^{?}$
x+1 p]é-ra-an ar-nu-ud-du [
2’ ḫa-ra-aš-š]a[1]$^{?}$-an ar-nu-ud-du [
3’ -]x-x x-x-x-x[-

(13) Bo 8281
CTH 470

x+1 -] x x
2’]BA.BA.ZA
3’ -]x
4’ -]x

5’ [-]x-pí *A-NA* ^{mD}UTU-li-i̯a[-
6’ -]x-x-pí I DUMU^{MEŠ}
7’]x ir-ḫa-a-iz-z[i
8’ -]x-t[a-

---

1 Tamamlama tarafımızdan yapılmıştır. 1’ ve 2’. satırlar ve KUB 33.8 16 ve 17. satırları anımsatmaktadır. / Ergänzung von uns. – Die Zeilen 1’ und 2’ erinnern an KUB 33.8 16 und 17.

(14) Bo 8282

KUB 15.1 Vs II 48 vd. ile join'dir. / joint mit KUB 15.1 Vs II 48ff.

x+1 -] x x [-
2' -]x-it u-uḫ[-
3']ZA.GÌN DÙ-mi I x-[
4']KI.LÁ.BI NU.GÁL *Š*[*A* x-
5' -x]^{MEŠ} ^{D}LUGAL-ma DÙ-m[i
6' -]x ŠEŠ ^{D}UTU^{ŠI}-u̯a-ra[-

7' -]x-iš-ki-ia-aš-ša[-
8' -]x SILA$_4$ x[-

(15) Bo 8284

CTH 678. KUB 60.148 Rs. VI ile join olmuştur. / CTH 678. Join mit KUB 60.148 Rs. VI.

---

x+1 N]e-ri-ik
2' -]x
3']^{URU}Ta-ḫur-pa-az
4' -n]a-an

(16) Bo 8287

CTH 832

x+1]SÌR.x[
2'' -]x-e-x[-
3' -] x x[-
4' -]iz x[-
5' -]x[-

(17) Bo 8289

Önyüzü IBoT 4.66 ve paraleli olan KBo 8.121 7' vd.; KBo 30.56 Rs.IV 45 vd. ile karşılaştırın. / Zur Vs. vgl. z.B. IBoT 4.66 / Parallel KBo 8.121 7' ff.; KBo 30.56 Rs.IV 45 ff.

Vs.$^{?}$

x+1 -] x x [-

2'] ta-r[u$^{?}$-

3' $^{\text{LÚ.M]EŠ}}$ MUḪALDIM x[

4' da-an[-zi

5' LUGAL-uš [GAD-an ar-ḫa

6' pé-eš-še-i̯a[-zi nu ma-a-an

7' LÚ^{MEŠ} *ME-Š[E-DI*

8' x x[-

Rs.$^{?}$

x+1 x x x x [-

2' [L]UGAL-uš[-

3' [m]a-a-n[a-

4' GIM$^{?}$-an[-

5' ták-kán[

6' [t]i -i̯a[-

7' [ ]x-d[a$^{?}$-

8' [-]x ti [-

9' [-]u[š-

(18) Bo 8291

CTH 215

Rs.$^{?}$

x+1

---

x+1 -]eš-ša-an-zi

2’ -]x x
3’ [ ]

4’ [ ]
5’]AL.URUDU$^{?}$-an
6’ [ ] x [ ]
7’ [ ]

8’ [ ]
9’] x x x x -ri-i̯[a
10’ ^{U}]^{RU}Ga-aš-ga ḫa[r-x

---

(19) Bo 8292
CTH 832

Vs.$^{?}$
x+1 [x]-ká[n-
2’]UZU-*Š*[*U*
3’] *ŠA* ^{URU}[
4’]nu ^{UZU}[
5’ -]x x [-

6’ ma-x [-

Rs.$^{?}$
x+1 x[-
2’ LÚ[
3’ x[

(20) Bo 8293

KBo 4.2 Rs. III 30 vd. ile joindir. Bkz. J. Lorenz- I. Taş, KASKAL 9, 2012, 37-40/ Joint mit KBo 4.2 Rs. III 30ff.,Vgl. J. Lorenz- I.Taş, KASKAL 9, 2012, 37-40.

x+1]x x[
2’ -]ni I NINDA.GUR$_{4}$.R[A
3’]ma-a-an ^{GIŠ}ḪAŠḪUR.KUR.[RA
4’ -n]u-zi ma-a-an *ŠA* ^{GIŠ}x[-

5’]x-aš ú-e-mi-i̯a-z[i
6’ -r]a $^{\text{NA4}}$pí-ru-ni[
7’ -]$^{\text{MEŠ D}}$UTU-uš ku-x[-
8’ -u̯]a-az kal-la-a[r-
9’ -]x-mu šar-la-x[-
10’]MUŠEN$^{\text{ḪI.A}}$ SIG$_5$
11’ -]x pí-iš-kat-te-x[-

12’ -k]u-un-nu-ú[-
13’ -] [-

(21) Bo 8294
CTH 832

Vs.$^{?}$
x+1 [-]x x[-
2’ [-]x x[-

3’ [-] x x x [-
4’ [-k]án ÍD ^{D}Iš [-

5’ [-] x [-

Rs.$^{?}$
x+1 [-]x[-
2’ [-] x[-
3’ [túḫ-]ḫu-uš-ta [ ]

4’ [-]x x x x [-
5’ [ ] a-an-na [-

---

(22) Bo 8295
CTH 375

x+1 -l]i-uš ar-ga-ma-na-x[-
2’ -]ša-an ku-e-da-ni EGIR-p[a
3’ -]x-ti ku-u̯a-pí pa-i-mi[
4’ -]x-nu-an-zi nu ú-e[-
5’ $^{\text{UR}]\text{U}}$ Tu-u-ḫa-šu-na[-

6’ -] [-

(23) Bo 8296
CTH 470

x+1 -]x *UP*-[*NU*$^{?}$
2’]x^{MEŠ} *ŠA*
3’ BA]NŠUR AD.KID [
4’ A]D.KID

5’ K]AŠ li-im-ma-aš III ^{DUG}*KU-KU*[*-UB*
6’] ^{DUG}*KU-KU-UB* ta-u̯a-al
7’] ^{DUG}*KU-KU-UB* Ì.NUN I ^{DUG}*K*[*U-*
8’ -]x-an Ì.DÙG.GA te-pu la-a[-
9’ -]ri i-i̯a-an III DAGA[L
10’] III UDU I MÁŠ.GAL x[-
11’ -]x x ši-pa-a[n-

(24) Bo 8297

Krş. Bo 3275; KUB 10.78$^{?}$ ve Bo 69/255 / Vgl. Bo 3275; KUB 10.78$^{?}$ und Bo 69/255.

x+1 me-]na-aḫ-ḫa-a$^{!}$-an-da [
2’] nu-kán I NINDA.GUR$_4$.R[A
3’] LÚ ^{GIŠ}GIDRU DINGIR$^{\textit{LIM}}$ x[-

4’] $^{\text{LÚ.MEŠ}}$ŠU.GI ^{LÚ}x[-
5’]^{LÚ}SAG DINGIR^{LIM} NINDA.GUR$_4$[.RA
6’] ^{LÚ}ḫa-me-na-aš-ša-an [
7’ -]x NINDA.GUR$_4$.RA pár-ši-ia ^{DUG}iš[-
8’] IV NINDA.GUR$_4$.RA EN ^{KUŠ}kur-ša-aš da-a[-
9’ SA]NGA ^{D}U pé-e-da-zi nu-uš-š[i-
10’ -]ḫa-a-an-zi ^{LÚ}ḫa-me-na-aš x[-
11’ g]a-an-ga-i še-er-ma-ká[n

12’ -p]a$^{?}$-la-an-ta ^{KUŠ}kur-ši-i̯[a
13’ ^{LÚ}ḫ]a-mi-ni pa-a-i[-
14’ -]x da-a-i ZAG.GAR.RA -n[i
15’ -]ni$^{?}$-mu DINGIR$^{\textit{LIM}}$ ^{UZU}x[-
16’ ^{LÚ}ḫ]a-mi-ni pa[-a-i
17’ -]x x[-

(25) Bo 8299

CTH 670

x+1 -i]š$^{?}$ x x [-
2’ n]u-za x x x x
3’ -]x nu-za ^{GIŠ}ḫa-aš-ši-x[
4’ -]x nu-za ^{GIŠ}ša-ma[-
5’ n]u-za NINDA *EM-ṢÚ*[
6’ -]za *MUN* U$_8$ x[-

7’ -]x x x[-

(26) Bo 8300

Krş. KUB 25.23, CTH 530 / Vgl. KUB 25.23, CTH 530

x+1 -]x x[-
2’ -]š[i]$^{?}$-pu-u-u̯a-an-zi x[-
3’ E]ZEN$_4$ ḫar-pa-aš DÙ-an-zi[
4’ -]x ^{LÚ}SANGA *IŠ-TU*É[-*ŠU* pa-a-i
5’ šu]-up-pa ḫu-e-ša-u-u̯a-a[z
6’ ^{D}]^{UG} ḫu-up-pár KAŠ Z[AG.GAR.RA
7’ -]x NINDA.GUR$_4$.RA II DUG KA[Š

8’ -z]i *BI-IB-RI*ḪI.A [
9’ -z]i GALḪI.A -kán
10’ aš-š]a-nu-u̯a-an[-zi

---

(27) Bo 8302
CTH 832

Rs.?
x+1 -]x[-
2’ -]x GI x[-
3’ -x] x x A.BÁR-aš x [-
4’ -]x x x x
5’ -]x ITU IK[AM
6’ -] x [-

Vs.?
x+1 -] x x x[-
2’ -] x x [-
3’ -] x [-

(28) Bo 8304
CTH 670

x+1 p]é-ra-a[n
2’ u̯]a-al-ḫa-a[n-
3’]*ŠA* ⌈GEŠTIN⌉ ? a[r-
4’ t]i-an-zi LÚ[
5’ ME]Š-*TIM* pí-x[-

6’ *Š*]*A* DIM -an[-
7’ NINDA.KU]R$_4$.RA LÚSANGA-ni pa[-

8’ -]x a-ku-an-zi LÚGU[DU$_{12}$
9’]pár-ši-i̯a -x[-

10’ ^{D}Te-li-]pí-nu-un DINGIR-LIM wu$_{\text{ú}}$-ru-u[n?(-) ...]
11’ -]x-zi ^{LÚ}GUDU$_{12}$ I NINDA.GUR$_{4}$.R[A
12’]pár-ši-i̯a x x[-
13’ -]x x x[-

(29) Bo 8306

CTH 670

x+1

2’ ša-]ku-u̯a-aš-ša-an-ta-r[i-
3’ -]an lu-uk-kat-ta[
4’ -]x-iš-kat-ta

5’ -]x x [-

(30) Bo 8307

CTH 582 ya da CTH 574 / CTH 582 oder CTH 574

Vs.
1 ^{D}Zi-i]t-ta-ḫa-ri-i̯a-aš ŠÀ É.DINGIR^{LIM}[
2 -]x mar-ša-nu-u̯a-an-za

---

3 -] x [-

(31) Bo 8308

CTH 832

lk.

---

1 -]x EN-an
2 -]du$^{?}$
3 -]u$^{?}$/pé$^{?}$-ra-an

r.
1 [-

(32) Bo 8309

CTH 832

lk.

x+1 -]x-ši-x

2']$^{TUM?}$

3'

4' -]x

5' -]x

6' -]x

7' -]

8' -] x

9' -] x

10' -]x

11' -]x

r.

x+1 x[-

2' x x [-

3' I$^{?}$ x[-

4' zi[-

5' x x[-

6' š[u$^{?}$-

7' d[a$^{?}$-

8' š[u$^{?}$-

9' x[-

10' x[-

(33) Bo 8310

KUB 59.42+KUB 58.45'nın parçasıdır. (CTH 626.VI)/ Gehört direkt zu KUB 59.42+KUB 58.45 (CTH 626.VI).

x+1] x x[-

2' -]x-at x-pár[-

3' -]x *ŠA* $^{MUNUS.MEŠ}$[

4’ -]x na-at ^{URU}Ḫa-at[-

5’ -]ši $^{<MUNUS>}$ ḫu-u-pí-ga-l[a-x

6’ -]x

7’] x [

(34) Bo 8311
CTH 670

x+1]x[

2’] ^{D}ša-a-ḫi x [

3’]x-uš SÌR^{RU}[

4’ tar]- ku-u̯a-an-zi -[da

5’]x x[

(35) Bo 8313
CTH 670

lk.

x+1 x[-

r.

x+1 x-ta-a$^{?}$[

2’ ne LUGAL

3’ e-ša-an[-

4’ nu-uš-ma-aš x[

5’ ti-an-[

(36) Bo 8314
CTH 832

x+1 -]x-du

2’ -]x-a-an

3’ -]zi

4’ -]x-zi[

5’ -] ar-ḫa [
6’ -]u̯a EGIR[-
7’ -]x ga$^{?}$/ta$^{?}$[-

(37) Bo 8315
CTH 530

Vs.$^{?}$
x+1 -]x
2’ -]x GA.ZUM ša x[-
3’ -]x -du$^{?}$-pí-iš II GIŠ[-
4’ -]x AD.KID II ^{GIŠ}kur-ta[-
5’ ^{GIŠ}*KÀ*-]*AN-NU-UM* AD.KID[
6’ A]D.KID

7’]DUG *ME-E* II *TA-PAL* x x[-
8’ x x x-[z]i-i̯a X DUG x x[-
9’ x-[-]x KAŠ$^{ḪI.A}$ XXX DUG x[-
10’ [ ]x XXX ^{DUG}ḫa-[

11’ -]x x x[-

Rs.
x+1 -]x[-
2’ -]ša ^{D}UTU[-
3’ -]a-ši a-ša$^{?}$-ši[
4’ -]z̠-kán TÚG.BAR.SI$_{4}$ x[

5’ -]x da-a-i še-er-ra[-
6’ [^{DUG}*Ḫ*]*A-PA-NA-TUM* da-a[-
7’]GA.KU$_{7}$

8’ -]ša[-

(38) Bo 8316
CTH 832

Vs. I?

1 -] an-na- al-la[-

2 -] x x x x x [-

(39) Bo 8317
CTH 670

lk.

x+1 -]x

2’] EN

3’ -]x

r.

x+1 x[-

2’ LÚGUDU12 ša[-

3’ LÚ.MEŠŠU.GI[

4’ I DUGḪAB.ḪAB GEŠTIN[

5’ ma-a-an LÚSANG[A

6’ nu MUN LÚ.MEŠ[

7’ [ ]x[

(40) Bo 8318
CTH 832

x+1 x ÍD-i kat-ta x[

2’ -]MEŠ ÍD x ŠA x[-

3’ -] x [-

(41) Bo 8319
CTH 389

x+1 -] MEŠ x[-

2’ DINGIR MEŠ EN[MEŠ-

3’ na-an-kán[
4’ EGIR-an ti[-
5’ nu-za *IŠ-TU* x[-

6’ DINGIR^{MEŠ} *BE-LU*^{MEŠ} [-
7’ [-]x ^{MEŠ} x[-

(42) Bo 8320

CTH 670

x+1 -] x[-
2’ -]x x[-
3’ -]x-ta-an[-
4’ -]x šu x[-

5’ LUGAL MUNUS. LUGAL É[
6’ pa-a-an-zi I DUMU [
7’ LUGAL-i pé-ra-an[
8’ x[-

(43) Bo 8321

CTH 453.2 - Duplikat veya paraleli için krş. F. Fuscagni, Hethiter.net /
CTH 453.2 - Duplikat oder parallel, vgl. F. Fuscagni, Hethiter.net

x+1 -]i̯a-aš-ša
2’ ka-]lu-lu-pí-e-eš
3’]a-ša-an-du
4’]an-tu-uḫ-ši
5’ -]tu

6’ -]x ^{DUG}ÚTUL-aš
7’ k]e-e-da-ni-ma-at
8’ -]x x x[-

(44) Bo 8323
CTH 832

x+1 -]x x x[-
2’]x da-ni-i[š-
3’ -]x-da za
4’ -]i̯a-mi x[-
5’ -]an i-i̯a[-
6’ -]x i-i̯a[-
7’ x[-

8’ -]x [-

(45) Bo 8324
CTH 832

x+1 x[-
2’ x [-
3’ x-za-kán x[-
4’ EGIR-an h̯ar-mi x ta-an-x[-
5’ x-uz-zi-i̯a-an h̯ar-mi *KI-LI-LU*[
6’ [-]x-ši-i̯a-an h̯ar-mi[
7’ -]x x[-

(46) Bo 8325
CTH 832

x+1 -]i̯a-h̯u[-
2’ -]kán-zi[
3’ -]da-ni[-

4’ -]u̯a-a-a[n-
5’ -]x-a DUMU[
6’ -]x x[-

(47) Bo 8326
CTH 147

lk.

x+1 [-]x

2’ -]x x

3’ -]x

4’ [-]x-id-du

5’ x a-pé-e-da-an

6’ x ma-a-an x x

7’ x-an UD III^{KAM}

8’ -iš-ša-kán x[-

9’ x-e-da-an[-

10’ [-

r.

x+1 x[-

2’ li[-

3’ mu-x[-

4’ x-ú[-

5’ ki-iš[-

6’ x[-

(48) Bo 8327
CTH 470

x+1 [ ] DUG x[-

2’ [-]x ma-a-an *A-NA* ^{D} x[-

3’ -]i-i̯a-an-zi [-

4’] EZEN$_4$ da-ḫ̮i-i̯a

5’] pé-ra-an [

(49) Bo 8329

Bo 8329 4'-5' satırları krş. KUB II 13 Vs. I 9 vd. Ayrıca diğer satırları krş. KBo XX 61, CTH 631 ve KBo XL 207, CTH 670. / Bo 8329 4'-5' vgl. KUB II 13 Vs. I 9 ff. Für die anderen Zeilen vgl. KBo XX 61 CTH 631 und KBo XL 207, CTH 670.

x+1 [ ] x x x

2' [-t]i$^{?}$-aš ^{GIŠ}AB-i̯a pé-ra-an
3' [DUMU^{M}]^{EŠ}.É.GAL ŠU^{MEŠ}-aš
4' [ ]LUGAL-i *QA-TAM*
5' [ ] x x [

(50) Bo 8331

CTH 530

x+1 -]x[-
2' -] x DINGIR^{LIM} x[-
3' -]x UDU$^{HI.A}$ *ŠA* x[-
4' -]x I *ŠA* ^{LÚ}pa[l$^{?}$-…]

5']x ŠÀ III BÁN *ŠA*[
6' *Š*]*A* É ^{LÚ}SANGA [
7']x DINGIR^{LIM} x[
8']x *ŠA* x[

(51) Bo 8332

CTH 500

x+1 [ ] x x
2' [ ]

3' [še-ḫe-]el-li-i̯a-aš
4' [GEŠ]TIN BAL-ti

(52) Bo 8333

CTH 409.A – KUB 12.58 Rs. IV 20. satırdan itibaren Bo 8333 + KUB 7.53 (Bo 2062) + KUB 12.58 (Bo 2589) ile birleşiyor / CTH 409.A – Schließt an KUB 12.58 Rs. IV ab Zeile 20 an: Bo 8333 + KUB 7.53 (Bo 2062) + KUB 12.58 (Bo 2589).

x+1 ḫa-aš-še- x[
2’ x-iš a-š[a-
3’ -š]a-an-za e-eš-d[u
4’ ḫ]a-an-za-aš-še-i[t

5’ -a]ḫ-ḫa-an-da ti[-
6’ m]e-ma-i ^{D}U[TU
7’ -]x ^{UZU}[
8’ -]x-za[-

(53) Bo 8334

691/z (+) Bo 2535 (+) Bo 3475 (+) Bo 4422 (+) Bo 8334, CTH 400

x+1 [ ] x ku-u̯a-at [
2’ [ ]x nu ú-u̯a-an-du[
3’ -e]š-ḫar *NI-IŠ* ^{D}[
4’ -]x pár-ku-nu-u[š-

5’ -] za-du[-
6’ -] x [-

(54) Bo 8335

Vs.$^{?}$ r.
x+1 [ḫ]u-i[t-
2’ *Ú-UL* [
3’ ma-a-an[
4’ III-az-ma[

Rs. lk.
1]ták-kán

2 -a]z
3 [ ] *A-NA* LUGAL MUNUS.LUGAL

Rs. r.
1 x ma-a-an-ša-m[a-aš
2 VI VII NA_4[

(55) Bo 8337

Krş. KBo VIII 37, KUB XL 28, KUB XL 25, 29, 26; KUB 40 30 / Vgl. KBo VIII 37, KUB XL 28, KUB XL 25, 29, 26

1 -]x x x
2 -]ša-an pa-ra-a
3 -]x ^{URU}[K]u$^{?}$-ru-uš-ta-ma
4]x tu-u-ri

(56) Bo 8338

CTH 470

x+1 [ ] x [
2' [ ]x x-x[
3']x x-x[
4' -]x šu-un-x[
5' -]x-an EN.x[
6' -]x-az-zi x[
7']ḫu-u-it-ti-i̯a[-

8']x-x-x[

(57) Bo 8339

CTH 832

x+1] x-x [
2']x x-zi[
3']x
4']x-x

(58) Bo 8340

Krş. KUB 60.152 Vs. I 6' ve 8'; Otten, StBoT 15, 10; CTH 670 /
Vgl. KUB 60.152 Vs. I 6' und 8'; Otten, StBoT 15, 10; CTH 670.

Vs.? I?
x+1 -]ki-iš-na-[

Vs.? II?
x+1 [^{D}Šu]-li-kat-te-en x[
2' ^{L}]^{Ú}SANGA ^{URU}Zu-u-up-pa-ra[
3' DAM^{MEŠ}-*ŠU* ku-aš-zi na[
4' na-aš nam-ma III-*ŠU U*[*Š-KE-EN*
5' na-aš nam-ma III-*ŠU* x[

6' nu-uš-ši a-ku-an-[
7' nu x[

(59) Bo 8345

CTH 215?

Vs.?
x+1]x x-x[
2' -]at-te-en x[
3'] nu ZAG-aš x[

4']
Rs.?
x+1]x ku-i-e-eš x-x[
2'] te-ez-zi x[
3']x -ḫu [
4' nu i-it[ ]x[

(60) Bo 8346

CTH 470

x+1]x x[

2']ma-a-an-ši [

3’]nu-uš an-da [
4’]ak-ku-uš-ki-i[z-zi

5’]NINDA.SIG^{MEŠ}-ma x[
6’]pár-ši-i̯a-an-na-a[-i

(61) Bo 8347

CTH 670

x+1 a]r-ta ta-an[
2’]ḫu-u-kán-zi NINDA x[
3’ ḫu-u-i-ša-u-u̯a-za za[-
4’ a]n-da-za ti-an-zi
5’]x ku-iš tar-aḫ-ta
6’]x *ŠA* LUGAL.GAL[
7’]x a-ra[-

(62) Bo 8348

CTH 470

Rs.?
x+1]x x[
2’]x GU_4 Ì.NUN

3’]x tar-na-i nu x[
4’]x ke-e-ma ŠA x[
5’]x-x an-da[

(63) Bo 8349

Krş. KUB 58.19 Rs. II vd.; CTH 670 / Vgl. KUB 58.19 Rs. II ff.

Rs.?
x+1]x x[
2’]LUGAL-uš [
3’]ku-it-ta III-*ŠU* [

4’]x-ki-eš-ta pa-iz-zi ^{NINDA}š[a-ra-am-ma
5’] MUNUS.LUGAL e-ša-an-da
6’ p]í-an-zi ^{GIŠ}BANŠUR$^{ḪI.A}$ ti-an-zi

7’]x[

(64) Bo 8350
CTH 832

Vs.
x+1]x [
2’]x [
3’]x x[
4’] x-zi [
5’] x-an[

Rs.
x+1]x [
2’]x [
3’]x x x[
4’] x-x-x [
5’] x [

(65) Bo 8351

Vs.?
x+1 I GUD ^{GU4}ÁB.NIGA[
Rs.?

---

(66) Bo 8352
CTH 470

x+1]x x[
2’ d]a-an-z[i
3’]x-ši-i̯a-an [
4’ z[i

5’]x-aš *QA-TI* [
6’]x[

(67) Bo 8353

S. Košak, HPM'de CTH 670'e dâhil etmiştir. Ancak Krş. KUB XXII 51 st.1 CTH 577; KUB LV 43 CTH 683 /Gemäß Kosak, HPM in CTH 670 enthalten. Aber vgl. KUB XXII 51 Zeile 1= CTH 577; KUB LV 43 = CTH 683.

x+1]x[
2']x-iš KUR$^{?}$[
3']KI.MIN [

4']x ḫar-ki-ir [
5'] $^{\text{LÚ.MEŠ}}$SIPA [
6'] GAL ^{LÚ}SANGA ^{D}LAM[MA
7' -z]i ^{DUG}GÌR.GÁN-m[a
8']x pa-ra-a e-e[p-
9']x -e-zi
10' -]i[
11'] [

(68) Bo 8354

CTH 832

x+1]x[
2']x[
3']x x x x[
4']x x x [
5']x x[
6']x x[
7'] x[
8'] [

(69) Bo 8355

CTH 832

x+1]x x x[
2']x-u̯a-an x[
3']x x[

(70) Bo 8356
CTH 832

x+1]x[
2’]x x[
3’ a]n-da-aš-z[i
4’]x ku-u̯a-pí x[
5’]da-aḫ-ḫi[
6’]x-an-z[i
7’]x x[

(71) Bo 8357
CTH 832

x+1] x x[
2’ -š]a-nu-a[š
3’ -]aš-ta [

4’]x -e-eš[
5’]le-e[
6’]x[

(72) Bo 8358
CTH 470

x+1] x x[
2’]x x I *UP-NI* x[
3’ d]am-me-el pa-aš-šu- x[
4’]x I *NAM-MA*[*-AN-DUM*
5’]x x[

(73) Bo 8359
Krş. 669/f, KBo 27.143, CTH 701 / Vgl. 669/f, KBo 27.143, CTH 701

x+1]x x x x[
2’ -]i-in-x-an-za x[
3’]x IV ^{NA4}NUNUZ ŠÀ II[

4’]x-i̯a-u-u̯a ZU$_9$ x[

5’ Š]À I MUNUS^{TI} I^{EN} LÚ^{L}[^{IM}

6’] LUGAL-ma-aš MUNUS-ni KAL x[

7’] x GUŠKIN GAR.RA

8’]ki-ri-in-ni-eš x-x[

9’]ḫa-ti-li [

10’]x ^{GIŠ}ESI GUŠKIN GAR.RA[

11’]x pa-an-zi na-aš[

12’]x GUŠKIN u̯a-x [

13’]x VII KÙ.BABBAR aḫ-ḫu-u-[

14’ KÙ.]BABBAR

15’]x-x mu-x[

(74) Bo 8362

CTH 670

Bo 8362 8'-10'. satırların benzeri, KBo 55.192, 1'-3''dedir. / Eine Parallele zu den Zeilen 8'-10' findet sich in KBo 55.192 Z. 1'-3'.

Vs. I$^{?}$

x+1] -an-ta-a-x

2’]x-an

3’]-ri

4’ -z]i

Vs. II$^{?}$

x+1 [^{LÚ}AL]AM ZU$_9$ [me-ma-i LÚpal-u̯a-tal-la-aš

2’ [pa]l-u̯a-a-iz-zi[

3’ ^{LÚ}SAGI.A I N[INDA

4’ ú-da-i na-an [

5’ LÚ ^{GIŠ}BANŠUR x[
6’ I NINDA.KU$_{7}$ LUGAL-i [
7’ na$^{!}$-an-kán ^{LÚ} [
8’ šu-up-pa-i x[

9’ ta ḫe -e-u[n$^{?}$
10’ pár-aš-na-u-[

11’ LUGAL MUNUS.LUGAL[
12’ a-ku-u̯a-an[-zi
13’ $^{\text{LÚ.MEŠ}}$ḫal-[li-i̯a-ri-eš

(75) Bo 8363

CTH 670

x+1]x [
2’ -]iz-zi

3’ -]u-na-aš[

4’]II$^{?}$ NINDA.GUR$_{4}$.RA.$^{\text{ḪI.A}}$[
5’] x pár-ši- x[
6’]x-x-x[

(76) Bo 8365

Bo 8365 st. 4’-6’ Krş. KBo IV 9 Rs. III 19 vd. CTH 670 / Bo 8365 Zeilen 4’-6’ vgl. KBo IV 9 Rs. III 19 usw. CTH 670

x+1 [ ] LUGAL-uš TUŠ-aš x[
2’ [ ]^{D}U ^{D}U ^{URU}Zi-ip[-pa-la-an-da
3’ [e-ku-]zi

4’ [GIŠ ^{D}INN]ANA.TUR $^{\text{LÚ.MEŠ}}$ḫal-li[-i̯a-ri-eš SÌR^{RU}]
5’ [^{LÚ}]ALAM.ZU$_{9}$ me[-ma-i]
6’ [^{LÚ}pal-u̯a-tal-]la-aš pal-u̯a-a[-iz-zi]
7’ [^{LÚ}ki-i-t]a-aš ḫal-za-a-i[ ]

---

8 [ ]x NINDA.GUR$_4$.RA *E*[*M-ṢA*

(77) Bo 8366/

CTH 780, J. Lorenz - I. Taş, ZA 102, 2012, 123-129 (Fotoğraf ve çizimle birlikte) / CTH 780, J. Lorenz - I. Taş, ZA 102, 2012, 123-129 (mit Photo und Autographie)

1‘ [(na-an) ták-n(a)]-⌜aš ^{d}UTU-i⌝ [Š]U-⌜i da-a⌝-i x[

2‘ [(ma-a-an k)]u-⌜u⌝-uš i-i̯a-u-u̯a-an-⌜zi⌝ zi-in-iz-zi nu-ká[n u̯(a-ap-pu-u̯a-aš IM-an)

3' [(ša-k)]u-ni-i̯a-aš-ša IM-aš ku-iš a-aš-ta na-an [(la-la-u̯i$_5$-ša-na-a)š

4' [pu-ru-ut]-ti dan-na-ad-da-a-aš-ša URU-aš pu-ru-ut-ti [(IGI-an-da)

5' [(im-me-i)]a-az-zi na-an ⌜ú-e⌝-te-ni-it ḫur-ni-i̯a-a[z$^{?}$-(zi nu NINDA.ŠIG pár-ši-i̯a)

6' [(na-a)t-k]án IM-ni še-ir da-a-i ⌜GEŠTIN⌝-i̯a ši-ip-pa-an-t[i

7' [(Ì.DÙG.G)A-i̯]a-aš-ša-an te-pu la-[ḫ]u-ua-i nu kiš-an (Rašur$^{?}$) t[(e$^{?}$-i)z-zi

8' [ ]x e-ku-ut-tin ⌜nu⌝-za ⌜iš-pí⌝-i̯a-at-tin nu-kán pa-i[(t-tin DINGIR^{MEŠ}-aš)

9' [(iš-tar-n)]a ti-i̯a-at-tin nu$^{!}$-za k[u-(i)]š-ša DINGIR^{LIM} *A-ŠAR-ŠU* [e-i(p-du)

10' [ki-e-el-la-ká(n U)]N-aš ut-tar-še-i[(t)] pu-nu-uš-tin ⌜*DI-IN-ŠU*⌝ ḫ[(a-an-na- an-du-ma-at)

11' [ ]x x x x [g]i-⌜nu⌝-x-[

(78) Bo 8367

CTH 670

x+1] *A-NA* XXXV

2’]x ir-ḫa-a-iz-z[i

3’] ^{GIŠ}BANŠUR-i̯a ḫa-a[-

4’] x-x-kán-zi[

5’]x [

---

(79) Bo 8368

CTH 832

x+1]x]it-[

2’]x -]na x-x[

3’ -]x-x tág-x
4’ x] x -pár *ŠA* x[

5’]x[-
6’]x-x x [-

7’] x x[
8’]x x[

9’]x -it[
10’]x x[

(80) Bo 8369

CTH 670

Vs. II
x+1 x[
2’]$^{LÚ.MEŠ}$ x[

3’ ma-a-a[n
4’ pí-i̯[a-
5’ LUGAL[
6’ x[
7’ x[

8’ x[

(81) Bo 8370

Krş. KBo 1.11 CTH 7, Beckman, JCS 47, 1995, 23-34 /
Vgl. KBo 1.11 CTH 7, Beckman, JCS 47, 1995, 23-34

x+1 [ ]x x x [
2’ $^{G]IŠ}$TIR I te-eš-šar
3’ $^{G]IŠ}$TIR x-x-x[
4’ m]a-a-an x-x ÍD x[

5’]x nu šu-up-pí-i̯a-an-z[i
6’]x-šu-u̯a-aš ut-tu-ru [

7’]x x ka-a-ša x-x-x[
8’ -]zi-i̯a i-nu x[
9’ -]kán ú-x x[

---

(82) Bo 8372

NINDA*takarmu* ve *Zippalanda* bir arada KUB LIII 11(CTH 685) ve KBo XXIV 94’de (CTH 663) geçiyor. Bkz. G.McMahon, AS 25, 1991, 236-244 / NINDA*takarmu* und *Zippalanda* stehen zusammen in KUB LIII 11(CTH 685) und KBo XXIV 94 (CTH 663). Vgl. G.McMahon, AS 25, 1991, 236-244.

x+1]x x[

2’]x -za-a-ni MUNUSx[
3’]DḪal-ki-in D[
4’ NINDAta-kar-m]u-un pár-ši-i̯a n[a-
5’]*PA-NI* DINGIR*LIM* da-a-i[

6’] URUA-ri-in-na TUŠ-aš[
7’ NINDAta-kar]-mu-un pár-ši-i̯a na-x[
8’]x iš-ta-na-ni *A-NA*[

9’ URUZ]i-ip-pa-la-an-d[a
10’]x pár-ši-i̯a x[
11’]x[

(83) Bo 8373

Duplikatı KBo 30.48 Rs. IV 4vd. CTH 592 olabilir. / Duplikat vielleicht KBo 30.48 Rs. IV 4ff. CTH 592.

Vs. II
x+1]I LUGAL KUR x[
2’] I zi- x[

3']x II URUDU x[
4']GAL DUMU^{MEŠ} É[.GAL

Rs. III$^{?}$

---

x+1 ^{NINDA}ša-r[a-ma
2' ti-i̯a[-
3' ḫu-u-u̯[a-
4' pár-a[š-

5' [

Rs. IV$^{?}$

---

x+1 [
2' -i̯]a
3' [

(84) Bo 8374
CTH 670

x+1 [ ]x[

2']x ZAG.GAR x[
3' -]x ^{D}UTU-x[
4']x KUR Al-x[
5'] ^{D}IŠKUR x[

6']x ZAG.GAR x x x[
7']x x[

(85) Bo 8375
CTH 670

Vs.$^{?}$
x+1] x x[

2’] x e-ku-zi[
3’ *Z*]*I-ID-DI*
4’]x pí-an-zi
5’]I e-ku-zi

(86) Bo 8376

Krş. KBo 30.54 Vs. I 6’ vd; KBo 30.97 Vs.II 1’ vd. CTH 666. / Vgl. KBo 30.54 Vs. I 6’ usw.; KBo 30.97 Vs.II 1’ usw. CTH 666.

x+1]x x[
2’]x-an-kán x[
3’ ^{GIŠ}BA]NŠUR ka-a-x[
4’ šu-u]n-na-i ^{LÚ}I[M$^{??}$
5’ -]ša-an-kán pí-i[-
6’ ḫ]a-aš-ša-aš kat[-ta
7’ B]ANŠUR tu-u-u̯a-[
8’ -]zi ^{LÚ}GUDU$_{12}$ x[
9’ ^{GIŠ}ZA]G.GAR.RA da-a-i[
10’]-x-u̯a-x[

(87) Bo 8377

Krş. VBoT 128 Vs. II 2’-8’ CTH 644. / Vgl. VBoT 128 Vs. II 2’-8’ CTH 644.

x+1]x x[
2’] ^{MEŠ} É ^{D} x x [ ]iš-ta-na[-
3’]x UDU-i̯a ^{UZU}NÍG.GIG[
4’]an-da-ra-a-u-u̯a-aš-ti x[
5’ ^{NIND}]^{A}Ì.E.DÉ.A me-ma-al[
6’]x-*ŠU* ši-pa-an-ti[

(88) Bo 8378

CTH 832

x+1]-an ME-aš[ ]x[
2’]x-an an-x x[
3’]du x-x[

(89) Bo 8379
CTH 832

x+1]x-x-x[

2’]x-ki-iz-z[i
3’ ḫ]a$^{!}$-tu-ga-aš[
4’ -]iš-ki-iz-z[i
5’]II a-at-x[
6’]x-x-x-x[
7’]x-x an-x[
8’]x-x [
9’]x-x [

(90) Bo 8380
CTH 470

x+1]I TÚG SA$_5$[
2’]an-da x[

3’]I ^{DUG}ḫa-a-x[
4’] [*B*]*I-IB-RI*$^{\mathrm{HI.A}}$ šu-u[n-

5’]x-i̯a-ri nu-kán[
6’]x x-nu-uz-zi[

7’]x [

(91) Bo 8381
CTH 470

x+1]*Ú-UL* x[
2’ -]ta-u-u̯a-aš da-aḫ[-ḫu-un
3’] a-aš-ša-nu-nu-u[n

4’]SAG.DU-za da[-

5’]x iš-k[i$^{?}$] -x[
6’]x [

(92) Bo 8382
CTH 832

Vs.$^{?}$
x+1]x x[
2’]x nu-uš-ma$^{?}$-x[
3’]u-u̯a$^{?}$-an x[
4’] ki-ša [
5’]x-x[
6’]kán [
7’] x[

Rs.
x+1]x[
2’]x[

(93) Bo 8388
Krş. KBo XV 9 CTH 421 ya da CTH 470. /
Vgl. KBo XV 9 CTH 421 oder CTH 470.

x+1]-ta[

2’]x ga-an-ga[-
3’] ^{MUNUS}ŠU.GI pa-a-i x[
4’]na-at-kán ar-ḫa x[
5’ a]r-ḫa pé-eš-ši-i̯a-az-zi[

6’ [^{URU}]^{DU}ŠEN$^{ḪI.A}$ *ŠA* GI [
7’ [^{URU}]^{DU}ŠEN-ma-kán ku-e-ez[
8’] x x - x - x - x- x [

(94) Bo 8389
CTH 832

x+1]x [
2’]x x[

3’]x-an- x[
4’]x-x-x-x[
5’]x-x[
6’]x-iz-zi[
7’]x-a-i[

8’]x x x x[
9’]x x x x[

10’]x x x x[
11’] x [

(95) Bo 8393
CTH 670

x+1]x x x x [
2’] x - x ga- x- u̯a -kán GI[
3’ i-]i̯a-an-zi lu-kat-ma EZEN$_4$ DÙ-a[n-
4’]x-an-na-a NINDA.GUR$_4$.RA DUG.DU$_{10}$.ÚS.SA-aš I GU$_4^{!}$. NÍ[T[A

5’] ALAM-ri DÙ-an-zi [
6’]UDU$^{HI.A}$ kat-ta x x ki-i̯a[-
7’]x^{MEŠ}-ši EGIR-pa x[
8’]-zi TE-ŠI-ma-aš-kán x[
9’]-an-zi ^{NA4}x-u̯a-at-t[a
10’]x- x^{MEŠ} pé-e-da-an[-
11’] x - ti- x - x [

(96) Bo 8394
CTH 470

x+1]x [
2’ -]at-kán EGIR-pa[
3’ GEŠ]TIN EGIR-an-da [

4’ EG]IR-an-da-ma I NINDA.GU[R$_4$ .RA
5’ še]er-ra-aš-ša-an $^{UZ[U}$

6’] SISKUR-ma GEŠTIN[

7’]-ma-i̯a x[
8’] ki-x[
9’]-x-x[

(97) Bo 8395

Bo 8395 Rs. 3'. satırı krş. KBo 34.137, 3' (CTH 573) ya da KUB 16.73+, 11' (CTH 580), KBo 41.186(+), 7' (CTH 573). Bu belge, kesinlikle kuş falı ile ilgilidir. / Rs. Z 3': Zu dieser Zeile vgl. KBo 34.137, 3' (CTH 573) oder KUB 16.73+, 11' (CTH 580), KBo 41.186(+), 7' (CTH 573). Dieser Text ist sicherlich Fragment eines Vogelorakels, eher CTH 573.

Vs.$^?$
x+1
2’]x
3’]x
4’ EG]IR$^?$-pa
5’]x-uš
6’ S]IG$_5$

7’]$^{URUDU?}$MAR
8’]NU. SIG$_5$

9’]x^{MEŠ} SIG$_5$-ru
10’]x
11’] *da-pí-aš* MUŠEN-*in*
12’ -] da-ma
13’]x-iš
14’] SIG$_5$

Rs.
x+1]-an ar-ḫa

2’]x -ú [

3']tar-liš *NI-MUR*
4']x-ḫi-x
5']pa-it x
6' -]za x x
7']x-x

(98) Bo 8397

CTH 832

x+1

2' -]ri-i-i[z-
3' NINDA.GU]R$_4$.RA NU.GÁ[L

4']x-zi-x [
5'] -iz- x[
6'] x- i[

7'] x [

(99) Bo 8398

Tamamlama için bkz. M. Popko, StBoT 50, s. 106 CTH 666. Ayrıca krş. IBoT 2.14 Vs. I 8 vd; KUB 51.42 Rs.V 3' vd. / Ergänzt mit M. Popko, StBoT 50, p. 106 CTH 666. Vgl. auch IBoT 2.14 Vs. I 8 usw.; KUB 51.42 Rs.V 3' usw.

x+1 [GAL *M*]*E-ŠE-DI* x x x x x [
2' [^{TÚG}še-]ek-nu-un e-ep[-zi]
3' [na-a]n pé-e-ḫu-te-ez-zi x[
4' [iš-g]a-ru-ru-uḫ LUGAL-i pa-ra-a e-e[p-zi]
5' [LUGAL-uš] *QA-TAM* da-a[-i]

6'] ^{LÚ}GUDU$_{12}$ iš-pa-an-du-u[z-zi-aš-šar
7' ḫa]-a-ni nu *PA-NI* ZAG.G[AR.RA
8' ši-pa-a]n-ti ^{MUNUS}pal-u̯a[-at-tal-la-aš
9' ^{MUNUS}zi-i]n-tu-ḫi-i̯a-aš ḫa[l-za-a-i]

(100) Bo 8399
CTH 670

Vs.
x+1 [
2’ x-x[
3’ ta-u̯a-al[

4’ na-aš-ta x[
5’ ḫal-zi-eš-ša [-

6’ ^{LÚ}MUḪALDIM-ma x[
7’ ḫa-aš-ši-i x[
8’ ^{LÚ}SAGI [
9’ x x[

Rs.
x+1 x[
2’ x [

3’ A-BI x[
4’ ki-š[a-
5’ EGIR-a[n

6’ nu x[
7’ an-da[
8’ ^{GIŠ}lu [-
9’ EGIR-x[
10’ x[

(101) Bo 8400
CTH 832

x+1] x x x x x x[
2’] x x x x^{MEŠ}-x
3’]ma- x x x x^{MEŠ}-x
4’] x x x x x x [

(102) Bo 8401

Krş. KBo 4.4 CTH 61 / Vgl. KBo 4.4 CTH 61

Vs.$^{?}$

x+1]ta-x[

2' -i]r-ma-at x[

3']me-mi-ir tu[-

4' KUR-e-ma-at ^{URU}x[

Rs.$^{?}$

1]x-ar [

---

2 a-ú-e-er ma-an[

3 nu-uš-ši a-aš-šu un [

4 KUR-e-i̯a ḫu-u-ma[-an-

5 [ ]x-an ne-pí[-

---

6 [ ]x x [

(103) Bo 8402

CTH 215$^{?}$

x+1]x x[

2']x x[

3' [ ]x-x

4' nam-ma-u̯a-x[

5' ta-ma-a-x[

6' nu-u̯a-ra-x[

7' nu-u̯a-mu-k[án

8' x-ta [

9' EGIR-a[n

(104) Bo 8403

CTH 500, Krş. Salvini - Wegner, Die Rituale des AZU-Priesters. Corpus der hurritischen Sprachdenkmäler I/2 (1986) / CTH 500, vgl. Salvini - Wegner, Die Rituale des AZU-Priesters. Corpus der hurritischen Sprachdenkmäler I/2 (1986)

Vs.

x+1]x
2’] KI.MIN
3’]-kán ^{LÚ}AZU
4’ a]r-ḫa da-a-i
5’ ^{L}]^{Ú}AZU-ma-az
6’ me-m]a-i ka$^{?}$-li$^{?}$-eš
7’ g]i$^{?}$-lum

8’]x ^{DUG}a-aḫ-ru-uš-ḫi-iš
9’] *A-NA* ^{LÚ}AZU
10’]x

Rs.

x+1] kat-ta[
2’]x MÁŠ.TUR
3’ x]-ik-iz-zi
4’ -i]k-iz-zi
5’]-x-ḫa- ⸢at-ta⸣ -an-zi

5’]x e-ep-zi [
6’]x ša-ra-a [

(105) Bo 8404

Olasılıkla bu belge, ^{LÚ}SAGI ifadesinin de etkisiyle, CTH 670 numarasının altında sınıflandırılmalıdır. / Bo 8404 (wegen des ^{LÚ}SAGI) zu CTH 670.

x+1]x[
2’]x x[
3’] x [

4’]x-x-x x[
5’]x ^{LÚ}SAGI[
6’]x-iš-šar-za x[
7’] da-a-i x[
8’ d]a$^{?}$-a-i [

9’] x-ka-x [

(106) Bo 8406

Krş. KUB 46.30 - CTH 670, Soysal, JCS 50, 1998, 63. / Vgl. KUB 46.30 - CTH 670, Soysal, JCS 50, 1998, 63.

Rs.$^{?}$
x+1] x-zi[
2’ DUMU.LUGAL ^{GIŠ}ar[-
3’ I-an ir-ḫa-a-iz[-zi
4’ DUMU.LUGAL-kán URU[
5’ I-an ir-ḫa-a-iz-z[i
6’ DUMU.LUGAL ^{GIŠ}ua-a[r-
7’ II-e ir-ḫa-a-iz-z[i
8’ ^{D}Iš-ta nu x[

9’] x [

(107) Bo 8407

kat-ra-aš formu yerine KBo 59.29'da (CTH 470) olduğu gibi sözcüğün ga-at-ra-aš varyasyonunun telaffuz edilmiş olması kayda değerdir. Fakat iki tablet parçası herhangi bir şekilde join edilememiştir. / Beachtenswert die Form ga-at-ra-aš statt üblichem kat-ra-aš, wie sonst nur noch in KBo 59.29 (CTH 470). Die zwei Fragmente sind aber kein Join.

x+1

2’ na-aš-ta ^{MUNUS}ga-a[t-ra-aš

3’ IŠ-TU I ^{UZU}ZAG[.UDU
4’ na-aš-ta UDU x[
5’ ^{D}It-ma-ri[-
6’ na-at-kán x[
7’ *A-NA* ^{GIŠ}BAN[ŠUR

8’ nu-kán ^{MUNUS}ga-a[t- ra-aš
9’ da-a-i n[a-

10’ nu-kán x[

(108) Bo 8409

CTH 832

Vs.?
x+1 [ ]x
2’ [ ]x-za
3’ [
4’ [ ]x ^{MEŠ}[
5’ [ ] x-ma-at
6’ [
7’ [
8’ [
9’ [ ]x x x
10’ [ ] x x -uš
11’ [ ] x x x
12’ [

Rs.?
x+1 [
2’ [x x
3’ [-]a-an-na nu[
4’ [ ]x x x x
5’ [ ]x x x x x
6’ [ ]x -zi
7’ [
8’ [
9’ [ ]x

10’ [-]an-zi
11’ [
12’ [ ]x x -za

(109) Bo 8410

CTH 530

x+1 [ ]ḫar-ká[n$^{?}$
2’ [-]XII NINDA.GUR$_{4}$.R[A
3’ [ ]-ta-zi-pa[
4’ [ ] URU^{LIM} I PA ZÌ[.DA

5’ [ ] ŠÀ.BA I *PA* III BÁN[
6’ [^{URU}]Ḫa-ak-ku-ra- x[
7’ [ ]x-az URU x[

(110) Bo 8411

Krş. Bo 3363 CTH 670 / Vgl. Bo 3363 CTH 670

x+1]x ma-al-la-an-zi [
2’]UDU$^{ḪI.A}$ *A-NA* ^{D}U ^{URU}dam-me-el[-
3’ ^{URU}Zi-ip-p]a-la-an-da *ŠA* ^{URU}x[ ]x x [
4’ -]zi NINDA.ZÍZ KAŠ LÚ^{MEŠ}[ ] x x x[

5’]x-zi nu pé-ra-an pa-ra-a x[
6’ (x+)]4 UDU$^{ḪI.A}$ ḫu-u-kán-zi NINDA BA.BA.ZA [
7’]^{D}U-aš-ša[- z]i I UDU x x x[
8’]x$^{ḪI.A}$-ma x[ ] pí LÚ x x x[
9’]BAL-an-zi 10 NINDA $^{ḪI.A}$-ma x x [

10’ *Š*]*A* ^{D}U ^{URU}Zi-ip-pa-la-an-da x[
11’]x ^{D}U ^{URU}Zi-ip-pa-la-an-da ZAG-x[ ]
12’ E]GIR-pa x x ma-ni-ia-aḫ-ḫa-an-z[i
13’ ^{UR}]^{U}Zi-ip-pa-la-an-d[a

(111) Bo 8412
CTH 215

Vs.? I

x+1 [ ]x

2’ [ ]x ú-it

3’ [-]u̯a-a-iš

Vs.? II

x+1 ku-ru-u-ri [

2’ za-aḫ-ḫi-ir [

3’ ša-al- [

4’ mIš-ta-x[

5’ ga-i-na [-

(112) Bo 8414
CTH 470

x+1 [ ] x x[

2’ [ ]-pa-an x[

3’ [a]š-ša-nu-ut[

4’ [ ]ma-a-an *A-NA* x[

5’ [-]at LÚ x x x x[

6’ [ ]x x x [

7’ [ ]x x x[

(113) Bo 8415
CTH 670

x+1 x x[

2’ III-*ŠU*[

3’ DTe-l[i

4’ III-*ŠU* x[

5’ I-*ŠU* na[m

6’ ta-pu-uš-za [

7’ ^{LÚ}*IM-ME* p[a
8’ pé-ra-an x[
9’ GEŠTIN-an DUG kat-t[a$^{?}$
10’ ša-ra-a

11’ x [ ]x [ ]x[

(114) Bo 8416

CTH 832

Rs.
x+1 ḪUR.SAG x[
2’ AMA-*KA*-za [
3’ ku-it x [
4’ ku-it x [
5’ ku-it-ká[n
6’ ka-a-x[-

Vs.
1’ *A-N*[*A*
2’ u̯a-n[i
9’ ša-x[
10’ a[r
11’ x[

(115) Bo 8418

CTH 483. - KUB 15.33b Vs. IV 21-22 /
CTH 483. KUB 15.33b Vs. IV 21-22 anschliessend.

x+1]

2’] LUGAL-u-iz-na[-
3’] -aš [

(116) Bo 8420
CTH 832

x+1 [ ]x-x [
2’ [ ]un an[
3’ [ ]-un x[
4’ x-x-x [
5’ [
6’ [
7’ [ ]x -ru [
8’ [ ]-an [
9’ [

(117) Bo 8421
CTH 832

Vs. I $^{?}$
x+1]x
2’ i]š-tar-na *ŠUM-ŠU-NU* ku$^{?}$-iš - ⸢ki$^{?}$⸣

(118) Bo 8423
CTH 470

Vs.$^{?}$
x+1]x -ša-uš-za [
2’]x x-u̯a še-er ši-x[
3’ x[
4’ Z]I.KIN.BAR-aš x[
5’ x x x x [
6’
7’]x [
8’]x[

Rs.$^{?}$
x+1 na-at[
2’ ú-iz[-zi

3’
4’
5’
6’ x[
7’ *QA-T*[*I*
8’ SISKUR t[i-

(119) Bo 8424
CTH 470

x+1]x x[
2’ -zi [ ]

3’]x (-) šu-u̯a-an-zi
4’] -zi

5’]x x x x[

(120) Bo8425
CTH 832

x+1 [ ]x
2’]x x [
3’]-zi [

4’]da-an-zi[
5’ -a]m-ma x[
6’] [

(121) Bo 8426
CTH 470

Vs.?
x+1] ta ^{KUŠ}NÍB.BÀR-an ḫal-zi-i̯a [
2’]x-kán-zi iš-pa-an-t[i]
3’] *QA-TI*

Rs.[?]

x+1]x x[

2']x-ni-an x[

3']x-ni da-a-i

4' -]un

(122) Bo 8427

CTH 832

Vs.[?] II

x+1 *I-NA* x[

2' an-da [

3' iš-x[

4' x[

(123) Bo 8428

CTH 832

x+1]x-ia-x-x[

2' na-an *A-NA* x[

3' nam-ma-an *A-N*[*A*

---

(124) Bo 8429

CTH 670

x+1]x

2' d]a-an-zi

3' NINDA.] GÚG I NINDA.KU_7

4’] x [
5’ -]i pí-e-ir
6’ [ ]x x[

(125) Bo 8430

Krş. KBo VII 7 CTH 547 / Vgl. KBo VII 7 CTH 547

Rs.?
x+1 [ ]x-da ú-[
2’ [ ]^{MEŠ}
3’ [ ]x-da
4’ [ ]SUR
5’ [ ]x-pí-iš šu[-

(126) Bo 8431

CTH 670

x+1]x x[

2’]x LUGAL-ša x[
3’ -]na-ki ti[
4’] ta-aš x[

(127) Bo 8432

CTH 470

x+1]x x x x x x x[
2’ -]it x[

3’]x u-un-ni-i̯a-an-zi [
4’]x -ma-ma I ŠAḪ.TUR x[
5’ -z]i nu-za pa-r[a-a
6’]x x[

(128) Bo 8433
CTH 670

x+1]x x x x[
2’ da-a [-i]

3’ $^{LÚ.MEŠ}$SAGI.A[
4’ MUNUS.LU[GA]L$^{?}$-i̯a GAL$^{?}$-x[
5’ a-ša-an [-
6’ a-ku-u̯[a-
7’ x[

(129) Bo 8434
CTH 832

x+1] DU$_{8}$ [x x]
2’]DUMU-la-ša
3’ -]ap-pa
4’ -]iz-zi

5’ -]x x[

(130) Bo 8435
CTH 470

x+1]x x[
2’]^{D}UTU-i x[
3’]GIM-an :ḫa-ap[-
4’]-i̯a-aš-ša DINGIR^{MEŠ}[
5’]ú-iz-zi nu[
6’] -zi [

(131) Bo 8436
ḫu-u-i-i̯a- Hattice (?) ünlem (?) Krş. KBo X 24 III 16’-17’. CTH 627, Singer, The Hittite KI.LAM Festival 1984: 139. / ḫu-u-i-i̯a- hattischer Ausruf (?), vgl. KBo X 24 III 16’-17’. CTH 627, Singer, The Hittite KI.LAM Festival 1984: 139.

x+1] x [
2’]x x[

3’]ḫu̯$^{?}$-u-i-i̯a-a[t

4’] ku-i-e-eš *A-NA* x[

5’]x kiš-an a-ša[-

6’]x-aḫ̯-ri-ka x[

7’]x x x x[

8’]x x[

(132) Bo 8437

CTH 832

Vs. I$^{?}$

x+1 [ ]URU

2’ [ ]i

3’ [ ] x

4’ [ ] x x

5’ [ ]x x

(133) Bo 8438

Bo 8438 ile KUB XXIV 5 Vs. 33 vd. ile direkt join olmaktadır. CTH 419/ Bo 8438 ist direkter Join zu KUB XXIV 5 Vs. 33ff. CTH 419.

x+1]] x x [

2’]- aš-ma-aš a-pu-uš da[-

3’] nu-u̯a-za-kán tu-uk DINGIR x[

---

(134) Bo 8439

CTH 832

x+1 [ ]-da$^{?}$-i$^{?}$ [

2’ [-n]a$^{?}$

3’ [EGI]R- an-da[

4’ [ ] x [

(135) Bo 8440
CTH 389

x+1]u̯a-aš[-

2’]x šar-ga[
3’]x-u̯a-na-na-aš x[
4’]x UTU-iš x[

(136) Bo 8441
CTH 670

x+1 [ ]x
2’ [NINDA.GUR$_4$.R]A *EM-ṢA* TUR
3’ [ ]i
4’ [ ]x
5’ [ ] KÙ.BABBAR x[

(137) Bo 8442
CTH 832

Vs. I
x+1 [ ]pa$^?$-e-u-en[
2’ [-i̯]a

Vs. II
x+1 x-e-u-en
2’

(138) Bo 8444
CTH 832

x+1 [ ]x x[
2’ [ ]x-e [
3’ [ ] *Ú-UL* x[

4’] ú-e-mi-i̯[a-

5’]*Ú-UL* x[

6’ m]i-i̯a-x

7’]x-x[

(139) **Bo 8445**

CTH 832

x+1]x x x[

2’ -]iz-zi I NINDA x[

3’]DINGIR^{LIM} [

4’ -]i nu tar-k[u-

5’] I UDU x[

6’

(140) **Bo 8446**

CTH 670

x+1 -]x-šu

2’ -]ra-x

3’ -]ni x[

(141) **Bo 8447**

CTH 670

x+1] x-x [

2’]x ^{D}U ^{D}x x [

3’ NINDA.GUR$_4$.]RA pár-ši-i̯a-m[i

4’]x ú-iz-zi [

5’]x-iz-zi [

(142) Bo 8448
CTH 832

Vs.[?]
x+1]x

2’]-x

Rs.[?]
x+1

2’]x x[
3’]-am-mu-uk-ma
4’]x

(143) Bo 8449
CTH 670

Vs. I[?]
x+1
2’
3’
4’
5’]x
6’]x

Vs. II[?]
x+1]x x x[
2’ ti-i-e-ez-z[i
3’ túḫ-ḫu-eš-šar [
4’ pa-ra-a e-[ep-zi
5’ LUGAL-uš-kán tú[ḫ^{uḫ}-ša

6’ x[

(144) Bo 8450
CTH 670

Vs. I
x+1] x
2']x
3']x
4'
5']x x

Vs. II
x+1 nu UGULA $^{LÚ.M}$[^{EŠ}
2' VII ^{NINDA}ḫar-za-z[u-
3' iš-ta-na-x[
4' da-a-i x[
5' x x x [
6' [

(145) Bo 8454
CTH 832

x+1] x x[

2'] li-i[n-
3' x x[
4']x[

(146) Bo 8455
CTH 832

x+1
2' -]ni-ma-aš[
3' -]da -an[
4'] x [

(147) Bo 8456
CTH 470

x+1 [ ] x[ ]x x[
2’ [ ]x-x kat-ta[
3’ [ ]^{GIŠ}ga-pa-nu[
4’ [-]iš-ki

5’ [ ]-ki-ma-kán [ ] x[
6’ [ ]x pár-ra-an-da x [
7’ [ ]x[

(148) Bo 8457
Te]lepinui- kelimesinin duktusu, KBo XXXVII 147 7’. satır (CTH 745) ile aynıdır. Bkz. Soysal, Hattischer Wortschatz in hethitischer Textüberlieferung (2004) 615. / Der Duktus von *Te]lepinui-*ist der gleiche wie KBo XXXVII 147 7 '(CTH 745). Vgl. Soysal, Hattischer Wortschatz in hethitischer Textüberlieferung (2004), 615.

x+1]-un x[
2’] ^{D}Ta-li$^{?}$-[p]í[
3’]an-ma-aš-ši-ta [
4’] x x x

5’]šu-u-mu-u li-e[-
6’]x-ki-i̯a-ḫa x[
7’ ^{D}Te$^{?}$-l]e-pí-nu-i-x[

8’]x[

(149) Bo 8458
CTH 215

x+1]-x ú-e-m[i$^{?}$-
2’]^{D}UTU^{ŠI} ú-e-ek[-
3’] *UL*-ma a-aš-šu[

---

(150) Bo 8459

CTH 832

Vs. I

x+1]-li-iz-i

2']x-da-za

Vs. II

x+1 LÚ^{MEŠ}-za[

2' x[

(151) Bo 8460

Krş. KUB LI 54. CTH 678 / Vgl. KUB LI 54. CTH 678

x+1] x x [

2']^{UZU}NÍG.GIG za-nu-uz [-zi

3']x *A-NA* DINGIR^{MEŠ} ši-pa[-

4' me-] ma i [

5']x-in te-eḫ-ḫu-u[n

6']x x[

(152) Bo 8461

Krş. KUB XVII 28 47. satır (CTH 730) ile benzerlikler gösteriyor. Ancak join ya da duplikat olamaz. / Ähnelt KUB XVII 28.47 (CTH 730). Ist aber weder Anschluß noch Duplikat.

x+1] x an-d[a

2']x ke-e É x[

3']x pár-na-az[

4' M]ÁŠ.GAL UR.TU[R

5']x

6']x É$^{ḪI.A.\textit{TIM}}$[

(153) Bo 8464

Bu fragman KBo LX 80 (CTH 483) ile indirekt join olmuştur. Bkz. HPM / Indirekter join mit Fragment KBo LX 80 (CTH 483). Vgl. HPM.

x+1]pa-aḫ-ḫu-e-x[
2’]ḫi-e-ri-na-aš x[
3’]IZI-az UDUN-az x[
4’]x x[ ]x

(154) Bo 8465

Duplikatı KBo 6464+Vs. 10’-12’ ve Bo 3617 Vs. I 17’-19’; Bo 3078 ile indirekt join olmuştur. / Dupl. zu KBo 6464+Vs. 10’-12’ und Bo 3617 Vs. I 17’-19’; joint direkt mit Bo 3078.

x+1 -]i-e-eš ša-x[

2’]x UN-ši ku-e-d[a-
3’]an-da na-aš-m[a
4’] x x x[

(155) Bo 8466

Krş. KUB XXVII 69 14’-15’ (CTH 591) / Vgl. KUB XXVII 69 14’-15’ (CTH 591)

x+1]x x[
2’ UGULA $^{\text{LÚ.MEŠ}}$MUḪALDIM ÚTUL ḫa[-
3’ zé-i̯a-an x[
4’ LUGAL-i da-a-i[
5’ na-aš EGIR-an[
6’ ^{GIŠ}BANŠUR$^{\text{ḪI.A}}$ [
7’ [ ] x [

(156) Bo 8467
CTH 832

x+1 ḫu-]u-ma-an-z[a

2’ -t]a MUNUS ma- x[

3’]x-aš ḫu-u-ma-a[n
4’]ḫi?-in-du-ṷa[-
5’]a? URU-an-n[a-
6’]x x x x[

(157) Bo 8468
CTH 832

x+1 I a-tu-x[
2’ x-x[
3’ x-x[
4’ *ŠA*[
5’ *A-NA* x[
6’ x-x[

(158) Bo 8469
CTH 670

x+1]x x x-da-an-x[
2’]x-la [
3’]x DUG KAŠ I DUG x[
4’] x x x x [

(159) Bo 8470
CTH 832

x+1 [
2’]-an pa[-
3’]x x[
4’]x-uš x[

5’]-x x x[

(160) Bo 8471
Krş. I. Arnuwanda’nın, Kaşkalılar ile yaptığı antlaşma. CTH 137, CTH 138, CTH 139 / Vgl. Vertrag Arnuwandas I mit den Kaskäern. CTH 137, CTH 138, CTH 139.

x+1]ma-a-an [

2’ a-] ⌜ú⌝ -ri-i̯a-aš iš-ḫi-i x[
3’ -]ma-az-kán kat-ti-iš-ši ar[-
4’]šar-ni-ik -x[

5’]x x[

(161) Bo 8472
CTH 670

x+1]x x x[
2’]x-zi
3’ URU]PÚ-na [
4’]x DḪu-ul[-
5’]x-aš ku-e-x[
6’]x nu-u̯a x[
7’]x x[

(162) Bo 8473
CTH 832

Vs.? I
x+1

2’] x x x GÍN.GÍN KÙ.BABBAR

Vs.? II
x+1 pa-ra[-

2’ ḫar-ká[n-zi
3’ V x[
4’ šar[-

---

(163) Bo 8475

Bo 8475 8’. satırı KUB V 7 35. satır (CTH 574) ile karşılaştırınız. / Vgl. KUB V 7 35 (CTH 574) mit Bo 8475 8’.

x+1] x[

2’]x[
3’] x x x x x x[
4’]x -ti-ḫi-i̯a-x x [
5’]x II-*ŠÚ* ḫa-pu-uš-du[

6’]-i̯a-za-kán ku-it še-er x[
7’]ta-an ḫar-mi na-[an
8’]za-an-ki-la-tar-r[a

9’]x x x[
10’]x[

(164) Bo 8477
CTH 825

---

x+1 *Ú-UL QA-TI* ma-a-an x[
2’] x x x x x x x[

(165) Bo 8478
CTH 670

Vs. I?
x+1]x x an-da-an

Vs. II?
x+1 x[

2’ nu-kán x[
3’ ^{D}U URU x[

4’ EGIR-*ŠÚ* x[
5’ EGIR-*ŠÚ* x[
6’ EGIR-*ŠÚ* x[
7’ ^{LÚ}NAR [
8’ ^{LÚ}ḫa[-
9’ ^{LÚ}[

(166) Bo 8480
CTH 832

x+1]x x -i̯a-x[
2’]ku-it-ki[
3’]x
4’]x ti-i̯a- x[
5’]x
6’ d]a-a-iš [

7’]x-uš
8’]-un
9’] x [

(167) Bo 8481
CTH 832

x+1]x[
2’]x-ú x[
3’]x-ri-iš x[
4’ n]a-an x[

(168) Bo 8482
CTH 670

Vs. I$^{?}$
x+1]x

Vs. II$^{?}$
x+1]x x[

2’ ma-a-na-a[t
3’ šu-up-pí[
4’ ^{MUNUS}AMA.DINGIR^{L}[^{IM}
5’ nu I UDU x[
6’ a-da-an-z[i

7’]x x x[

(169) Bo 8483
CTH 470

x+1]x x[
2’]x x x[

3’ SÍ]SKUR gi-i[m-
4’]KUR-e-a-az x[
5’]pa-a-an- x[
6’] x [

(170) Bo 8484
CTH 832

x+1]x x [
2’]^{D}UTU^{ŠI} NUMUN x[ ]x[
3’]x KÙ.BABBAR-ti ḫar-zi x[
4’]x *A-NA* x x ^{D}UTU[
5’]x[

(171) Bo 8485
CTH 670

x+1]x da$^{?}$-a$^{?}$-i$^{?}$[
2’ -]i x-e x[
3’]x *QA-TI* x[
4’]x x x[
5’]x-ri-x[
6’]x x[

KONKORDANZEN UND INDIZES

Konkordanz nach Autographienummern

N r. 1 Bo 8264

Nr. 2 Bo 8265

Nr. 3 Bo 8266

Nr. 4 Bo 8272

Nr. 5 Bo 8273

Nr. 6 Bo 8274

Nr. 7 Bo 8275

Nr. 8 Bo 8276

Nr. 9 Bo 8277

Nr. 10 Bo 8278

Nr. 11 Bo 8279

Nr. 12 Bo 8280

Nr. 13 Bo 8281

Nr. 14 Bo 8282

Nr. 15 Bo 8284

Nr. 16 Bo 8287

Nr. 17 Bo 8289

Nr. 18 Bo 8291

Nr. 19 Bo 8292

Nr. 20 Bo 8293

Nr. 21 Bo 8294

Nr. 22 Bo 8295

Nr. 23 Bo 8296

Nr. 24 Bo 8297

Nr. 25 Bo 8299

Nr. 26 Bo 8300

Nr. 27 Bo 8302

Nr. 28 Bo 8304

Nr. 29 Bo 8306

Nr. 30 Bo 8307

Nr. 31 Bo 8308

Nr. 32 Bo 8309

Nr. 33 Bo 8310

Nr. 34 Bo 8311

Nr. 35 Bo 8313

Nr. 36 Bo 8314

Nr. 37 Bo 8315

Nr. 38 Bo 8316

Nr. 39 Bo 8317

Nr. 40 Bo 8318

Nr. 41 Bo 8319

Nr. 42 Bo 8320

Nr. 43 Bo 8321

Nr. 44 Bo 8323

Nr. 45 Bo 8324

Nr. 46 Bo 8325

Nr. 47 Bo 8326

Nr. 48 Bo 8327

Nr. 49 Bo 8329

Nr. 50 Bo 8331

Nr. 51 Bo 8332

Nr. 52 Bo 8333

Nr. 53 Bo 8334

Nr. 54 Bo 8335

Nr. 55 Bo 8337

Nr. 56 Bo 8338

Nr. 57 Bo 8339

Nr. 58 Bo 8340

Nr. 59 Bo 8345

Nr. 60 Bo 8346

Nr. 61 Bo 8347

Nr. 62 Bo 8348

Nr. 63 Bo 8349

Nr. 64 Bo 8350

Nr. 65 Bo 8351

Nr. 66 Bo 8352

Nr. 67 Bo 8353

Nr. 68 Bo 8354

Nr. 69 Bo 8355

Nr. 70 Bo 8356

Nr. 71 Bo 8357

Nr. 72 Bo 8358

Nr. 73 Bo 8359

Nr. 74 Bo 8362

Nr. 75 Bo 8363

Nr. 76 Bo 8365

Nr. 77 Bo 8366

Nr. 78 Bo 8367

Nr.79 Bo 8368

Nr. 80 Bo 8369

Nr. 81 Bo 8370

Nr. 82 Bo 8372

Nr. 83 Bo 8373

Nr. 84 Bo 8374

Nr. 85 Bo 8375

Nr. 86 Bo 8376

Nr. 87 Bo 8377

Nr. 88 Bo 8378

Nr. 89 Bo 8379

Nr. 90 Bo 8380

Nr. 91 Bo 8381

Nr. 92 Bo 8382

Nr. 93 Bo 8388

Nr. 94 Bo 8389

Nr. 95 Bo 8393

Nr. 96 Bo 8394

Nr. 97 Bo 8395

Nr. 98 Bo 8397

Nr. 99 Bo 8398

Nr. 100 Bo 8399

Nr. 101 Bo 8400

Nr. 102 Bo 8401

Nr. 103 Bo 8402

Nr. 104 Bo 8403

Nr. 105 Bo 8404

Nr. 106 Bo 8406

Nr. 107 Bo 8407

Nr. 108 Bo 8409

Nr. 109 Bo 8410

Nr. 110 Bo 8411

Nr. 111 Bo 8412

Nr. 112 Bo 8414

Nr. 113 Bo 8415

Nr. 114 Bo 8416

Nr. 115 Bo 8418

Nr. 116 Bo 8420

Nr. 117 Bo 8421

Nr. 118 Bo 8423

Nr. 119 Bo 8424

Nr. 120 Bo 8425

Nr. 121 Bo 8426

Nr. 122 Bo 8427

Nr. 123 Bo 8428

Nr. 124 Bo 8429

Nr. 125 Bo 8430

Nr. 126 Bo 8431

Nr. 127 Bo 8432

Nr. 128 Bo 8433

Nr. 129 Bo 8434

Nr. 130 Bo 8435

Nr. 131 Bo 8436

Nr. 132 Bo 8437

Nr. 133 Bo 8438

Nr. 134 Bo 8439

Nr. 135 Bo 8440

Nr. 136 Bo 8441

Nr. 137 Bo 8442

Nr. 138 Bo 8444

Nr. 139 Bo 8445

Nr. 140 Bo 8446

Nr. 141 Bo 8447

Nr. 142 Bo 8448

Nr. 143 Bo 8449

Nr. 144 Bo 8450

Nr. 145 Bo 8454

Nr. 146 Bo 8455

Nr. 147 Bo 8456

Nr. 148 Bo 8457

Nr. 149 Bo 8458

Nr. 150 Bo 8459

Nr. 151 Bo 8460

Nr. 152 Bo 8461

Nr. 153 Bo 8464

Nr. 154 Bo 8465

Nr. 155 Bo 8466

Nr. 156 Bo 8467

Nr. 157 Bo 8468

Nr. 158 Bo 8469

Nr. 159 Bo 8470

Nr. 160 Bo 8471

Nr. 161 Bo 8472

Nr. 162 Bo 8473

Nr. 163 Bo 8475

Nr. 164 Bo 8477

Nr. 165 Bo 8478

Nr. 166 Bo 8480

Nr. 167 Bo 8481

Nr. 168 Bo 8482

Nr. 169 Bo 8483

Nr. 170 Bo 8484

Nr. 171 Bo 8485

Konkordanz nach Museumsnummern

Bo 8264 Nr. 1

Bo 8265 Nr. 2

Bo 8266 Nr. 3

Bo 8272 Nr. 4

Bo 8273 Nr. 5

Bo 8274 Nr. 6

Bo 8275 Nr. 7

Bo 8276 Nr. 8

Bo 8277 Nr. 9

Bo 8278 Nr. 10

Bo 8279 Nr. 11

Bo 8280 Nr. 12

Bo 8281 Nr. 13

Bo 8282 Nr. 14

Bo 8284 Nr. 15

Bo 8287 Nr. 16

Bo 8289 Nr. 17

Bo 8291 Nr. 18

Bo 8292 Nr. 19

Bo 8293 Nr. 20

Bo 8294 Nr. 21
Bo 8295 Nr. 22
Bo 8296 Nr. 23
Bo 8297 Nr. 24
Bo 8299 Nr. 25
Bo 8300 Nr. 26
Bo 8302 Nr. 27
Bo 8304 Nr. 28
Bo 8306 Nr. 29
Bo 8307 Nr. 30
Bo 8308 Nr. 31
Bo 8309 Nr. 32
Bo 8310 Nr. 33
Bo 8311 Nr. 34
Bo 8313 Nr. 35
Bo 8314 Nr. 36
Bo 8315 Nr. 37
Bo 8316 Nr. 38
Bo 8317 Nr. 39
Bo 8318 Nr. 40
Bo 8319 Nr. 41
Bo 8320 Nr. 42
Bo 8321 Nr. 43
Bo 8323 Nr. 44
Bo 8324 Nr. 45
Bo 8325 Nr. 46
Bo 8326 Nr. 47
Bo 8327 Nr. 48
Bo 8329 Nr. 49
Bo 8331 Nr. 50
Bo 8332 Nr. 51
Bo 8333 Nr. 52
Bo 8334 Nr. 53
Bo 8335 Nr. 54
Bo 8337 Nr. 55
Bo 8338 Nr. 56
Bo 8339 Nr. 57
Bo 8340 Nr. 58
Bo 8345 Nr. 59
Bo 8346 Nr. 60
Bo 8347 Nr. 61
Bo 8348 Nr. 62

Bo 8349 Nr. 63

Bo 8350 Nr. 64

Bo 8351 Nr. 65

Bo 8352 Nr. 66

Bo 8353 Nr. 67

Bo 8354 Nr. 68

Bo 8355 Nr. 69

Bo 8356 Nr. 70

Bo 8357 Nr. 71

Bo 8358 Nr. 72

Bo 8359 Nr. 73

Bo 8362 Nr. 74

Bo 8363 Nr. 75

Bo 8365 Nr. 76

Bo 8366 Nr. 77

Bo 8367 Nr. 78

Bo 8368 Nr.79

Bo 8369 Nr. 80

Bo 8370 Nr. 81

Bo 8372 Nr. 82

Bo 8373 Nr. 83

Bo 8374 Nr. 84

Bo 8375 Nr. 85

Bo 8376 Nr. 86

Bo 8377 Nr. 87

Bo 8378 Nr. 88

Bo 8379 Nr. 89

Bo 8380 Nr. 90

Bo 8381 Nr. 91

Bo 8382 Nr. 92

Bo 8388 Nr. 93

Bo 8389 Nr. 94

Bo 8393 Nr. 95

Bo 8394 Nr. 96

Bo 8395 Nr. 97

Bo 8397 Nr. 98

Bo 8398 Nr. 99

Bo 8399 Nr. 100

Bo 8400 Nr. 101

Bo 8401 Nr. 102

Bo 8402 Nr. 103

Bo 8403 Nr. 104

Bo 8404 Nr. 105
Bo 8406 Nr. 106
Bo 8407 Nr. 107
Bo 8409 Nr. 108
Bo 8410 Nr. 109
Bo 8411 Nr. 110
Bo 8412 Nr. 111
Bo 8414 Nr. 112
Bo 8415 Nr. 113
Bo 8416 Nr. 114
Bo 8418 Nr. 115
Bo 8420 Nr. 116
Bo 8421 Nr. 117
Bo 8423 Nr. 118
Bo 8424 Nr. 119
Bo 8425 Nr. 120
Bo 8426 Nr. 121
Bo 8427 Nr. 122
Bo 8428 Nr. 123
Bo 8429 Nr. 124
Bo 8430 Nr. 125
Bo 8431 Nr. 126
Bo 8432 Nr. 127
Bo 8433 Nr. 128
Bo 8434 Nr. 129
Bo 8435 Nr. 130
Bo 8436 Nr. 131
Bo 8437 Nr. 132
Bo 8438 Nr. 133
Bo 8439 Nr. 134
Bo 8440 Nr. 135
Bo 8441 Nr. 136
Bo 8442 Nr. 137
Bo 8444 Nr. 138
Bo 8445 Nr. 139
Bo 8446 Nr. 140
Bo 8447 Nr. 141
Bo 8448 Nr. 142
Bo 8449 Nr. 143
Bo 8450 Nr. 144
Bo 8454 Nr. 145
Bo 8455 Nr. 146

WORTINDIZES

Götternamen

Personennamen

Ortsnamen

Dresdner Beiträge zur Hethitologie

Herausgegeben von Johann Tischler

37: Susanne Zeilfelder

Hittite Exercise Book

Second, revised edition

2011. X, 238 pages, pb
ISBN 978-3-447-06268-8
€ 29,– (D)

38: Detlev Groddek

Hethitische Texte in Transkription KBo 48

2012. XVIII, 193 Seiten, br
ISBN 978-3-447-06708-9
€ 62,– (D)

Im 48. Heft der Keilschrifttexte aus Boğazköy (KBo 48) legten H. Otten, C. Rüster und G. Wilhelm 2007 insgesamt 289 Textfragmente aus der Unterstadt, der Oberstadt und Stücke ohne Herkunftsangabe vor. Diese Fragmente decken ein inhaltlich weites Spektrum ab, es handelt sich insbesondere um im weitesten Sinne religiöse Texte, Beschwörungen und Festrituale, aber auch um Inventare und Orakeltexte. Von besonderem Interesse ist Text Nr. 128, der ein wichtiges Zusatzstück zu dem von E. Neu in Band 12 der Studien zu den Boğazköy-Texten bearbeiteten althethitischen Gewitterritual darstellt.
Detlev Groddek stellt nun das Material in Umschrift, wie üblich vermehrt um zusätzliche Anschlüsse und Duplikatinformationen, entsprechend dem aktuellen Untersuchungsstand der weiteren Forschung zur Verfügung. Etwa die Hälfte der Texte konnte zusätzlich an Tafelfotos kollationiert werden. Abgeschlossen wird der Band durch vollständige Indices des Namenmateriales, der Anschlussstücke und Duplikate/Paralleltexte sowie durch einen Konträrindex der CTH-Nummern.

39: Detlev Groddek

Hethitische Texte in Transkription KBo 58

2012. XX, 232 Seiten, br
ISBN 978-3-447-06803-1
€ 68,– (D)

Im 58. Heft der Keilschrifttexte aus Boğazköy (KBo 58) legte Jared L. Miller 2008 insgesamt 340 Textfragmente aus dem Bezirk des Großen Tempels vor. Diese Fragmente decken ein inhaltlich weites Spektrum ab, es handelt sich insbesondere um im weitesten Sinne religiöse Texte, Beschwörungen und Festrituale, aber auch um Inventare und Orakeltexte. Von besonderem Interesse ist Text Nr. 216, zu dem sich mit KBo 7.44 ein Anschlussstück ermitteln ließ, das überraschenderweise auf der königlichen Zitadelle Büyükkale ergraben wurde. Dies ist ein Beweis dafür, dass es nach der Aufgabe Ḫattušas als Hauptstadt des Hethiterreiches und dem Auflassen der Archive sehr wahrscheinlich in phrygischer Zeit zu ungewöhnlichen Umschichtungen von Tontafelfragmenten gekommen sein muss.
Detlev Groddek stellt nun das Material in Umschrift, wie üblich vermehrt um zusätzliche Anschlüsse und Duplikatinformationen, entsprechend dem aktuellen Untersuchungsstand der weiteren Forschung zur Verfügung. Etwa 90% der Texte konnten zusätzlich an Tafelfotos kollationiert werden. Abgeschlossen wird der Band durch vollständige Indices des Namenmateriales, der Anschlussstücke und Duplikate/Paralleltexte sowie durch einen Konträrindex der CTH-Nummern.

HARRASSOWITZ VERLAG · WIESBADEN
www.harrassowitz-verlag.de · verlag@harrassowitz.de